JACQUES CARTIER
ET L'EXPLORATION DU FLEUVE SAINT-LAURENT

À la découverte du Canada

par Joffrey Liénart

50MINUTES

Avec la collaboration de Thomas Jacquemin

JACQUES CARTIER

DONNÉES-CLÉS

- **Naissance ?** En 1491 à Saint-Malo (France)
- **Mort ?** En 1557 dans la même ville
- **Buts de l'expédition ?**
  - Découvrir une voie maritime menant à l'Asie
  - Explorer les territoires septentrionaux du Nouveau Monde
  - Fonder une colonie française
- **Régions du monde explorées ?**
  - La baie et les rives du fleuve Saint-Laurent
- **Découverte notoire ?** Le fleuve Saint-Laurent

INTRODUCTION

À la suite de Christophe Colomb (navigateur génois, 1450/1451-1506) et de la découverte accidentelle d'une partie du continent américain, d'autres explorateurs ambitionnent de mettre à jour une nouvelle voie vers l'Asie et, par conséquent, d'exploiter de nouvelles terres et leurs richesses. Outre ces derniers aspects économiques, les voyages – réalisés au nom des rois européens – sont l'occasion de conquérir de nouveaux territoires et ainsi d'accroître le pouvoir des monarques sur le reste du monde.

Pour apaiser les rivalités croissantes entre le Portugal et l'Espagne, le pape Alexandre VI (1431-1503) émet une bulle (document officiel promulguant un acte juridique), intitulée *Inter cætera*, qui vise à entériner la division du monde connu en deux : les Espagnols sont désormais propriétaires des terres situées à l'ouest des Açores et du Cap-Vert – c'est-à-dire le Nouveau Monde, excepté

le Brésil – et les Portugais obtiennent pour leur part la main-
mise sur l'Est, dont les terres africaines déjà parsemées de leurs
comptoirs commerciaux.

Exclues de toutes ces négociations, l'Angleterre et la France ne voient
pas d'un bon œil cette nouvelle répartition du monde. Pour ces États,
il devient urgent de s'imposer sur l'échiquier politique en comman-
dant des expéditions. C'est ainsi que l'Angleterre confie, en 1496,
à Jean Cabot (navigateur italien, vers 1450-1500) la tête d'une expédition dans le Nord du continent américain ; début d'une aventure
qui conduira directement aux explorations de Jacques Cartier près
de quarante ans plus tard.

Profitant du contexte favorable à de telles entreprises, Jacques
Cartier, marin de profession et notable de Saint-Malo, propose au roi
de France, François Ier (1494-1547), d'explorer les terres de l'Amérique
du Nord, ce qu'il accepte.

BIOGRAPHIE

UNE ENFANCE SUR LES MERS

L'extraordinaire destin de Jacques Cartier tient surtout à une conjoncture favorable. Né en 1491 à Saint-Malo, surnommé la « cité corsaire », le jeune Cartier fait rapidement ses débuts en mer. Certains de ses biographes affirment qu'il aurait déjà vogué très tôt vers Terre-Neuve et même jusqu'aux contrées brésiliennes. Il semble donc être un marin aguerri et renommé. C'est probablement pour cette raison qu'il obtient en 1520 la main de Catherine des Granches (1499-1575), fille de Jacques des Granches, chevalier du roi et connétable de Saint-Malo. L'ascension sociale du personnage paraît à son comble.

LE PROJET D'UNE VIE

En 1533, le pape Clément VII (1478-1534) intercède en faveur du roi de France, François Ier, et revient sur les termes de la bulle *Inter cætera* en affirmant que le document ne s'applique qu'aux territoires connus à l'époque de sa rédaction. Grâce à ces ajustements, la France peut désormais officiellement s'aventurer dans les territoires septentrionaux de l'Amérique, permettant au roi de lancer le projet qu'il a mis en place avec Jacques Cartier.

Quelques années auparavant, ce dernier est introduit auprès du roi par un proche parent, Jean le Veneur (mort en 1543), abbé commanditaire du Mont-Saint-Michel et grand aumônier de France. Cette rencontre royale scellera la destinée du marin malouin puisque, le 20 avril 1534, deux navires et 61 matelots quittent le port de Saint-Malo sous son commandement.

EN ROUTE POUR LE CANADA

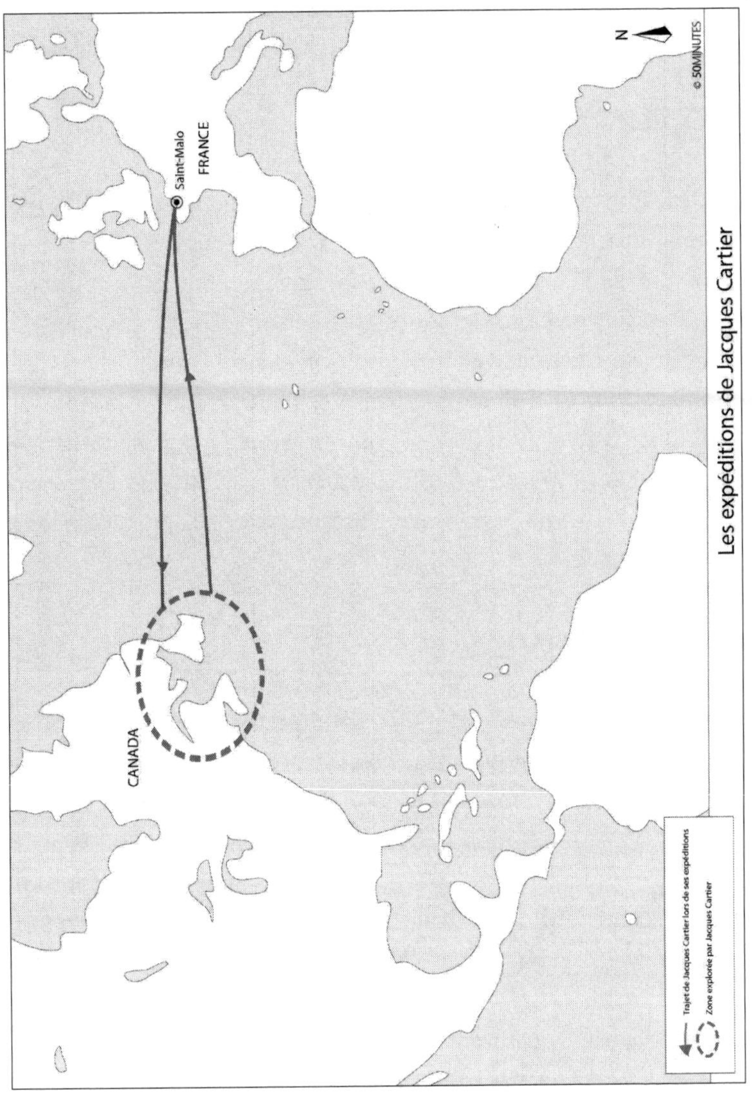

Le but de leur voyage est de trouver une nouvelle voie maritime menant à l'Asie. Mais cette première exploration est surtout l'occasion de dépasser le détroit de Belle-Isle, au nord de Terre-Neuve, et de cartographier les environs du golfe du Saint-Laurent. L'année suivante, il repart pour une deuxième expédition qui le voit pénétrer plus profondément dans le continent. Cette fois, le capitaine Jacques Cartier et sa flotte, composée de trois bâtiments pour 110 hommes, remontent sur plusieurs centaines de kilomètres le fleuve Saint-Laurent jusqu'à Hochelaga (village iroquois qui occupait le site de Montréal). Une dernière expédition est menée entre 1542 et 1543 visant à établir une colonie dans les territoires récemment découverts. Une première cité du nom de Charlesbourg-Royal – proche de l'actuelle Québec – est alors fondée. Ce sera pour Jacques Cartier son dernier voyage au Canada.

Lors de son retour, il tente de ramener des pierres précieuses et de l'or pour impressionner le roi. Malheureusement pour lui, les premières se révèlent être du quartz et les secondes de la pyrite. Cette mésaventure est à l'origine du proverbe « faux comme un diamant du Canada », qui témoigne du discrédit dont a souffert l'explorateur auprès de ses contemporains. Revenu définitivement à Saint-Malo, Jacques Cartier participe activement aux affaires de la cité, où il est reconnu en tant que notable.

Il s'éteint en 1557 à l'âge de 66 ans sans descendance légitime, lui qui est pourtant considéré comme le père d'une nouvelle nation.

CONTEXTE POLITIQUE, SOCIAL ET ÉCONOMIQUE

POURQUOI EXPLORER LE MONDE ?

À partir des années 1540, la croissance démographique pousse les contrées européennes à s'étendre. Cette évolution rapide et inattendue, survenue après les grandes épidémies de peste des XIVe et XVe siècles, double les jeunes populations des royaumes et engendre une reprise économique. Pour que la société puisse continuer à évoluer, un apport de métaux précieux devient nécessaire. Jusqu'au XVIe siècle, l'or provient essentiellement d'Afrique et plus particulièrement de Guinée où des caravanes sahariennes l'acheminent vers l'Europe. Mais ces voyages terrestres sont extrêmement coûteux et très vite apparaît l'idée de ramener le métal jaune par voie maritime, permettant par là même d'accéder aux épices orientales très demandées.

LE SAVIEZ-VOUS ?

Selon l'historien français Lucien Febvre (1878-1956), les caravanes sahariennes des XVe et XVIe siècles étaient pourtant plus rentables que les meilleures flottes marchandes européennes. En effet, quelque 1 500 tonnes de marchandises transitaient sur le dos de 15 000 chameaux, alors que les navires de l'époque ne supportaient pas plus de 400 à 500 tonneaux.

Parallèlement à cela, la religion joue elle aussi un rôle déterminant dans l'entreprise coloniale du XVIe siècle. On rappellera à ce sujet la fin de la *Reconquista* espagnole en 1492 sur les terres mauresques (proche dans l'idéologie des croisades contre les infidèles) qui est perçue comme un signe de Dieu. Dans ce climat de suprématie de la chrétienté sur les autres formes de croyance, l'évangélisation des indigènes du Nouveau Monde est une des missions des colonisateurs hispaniques, mandatés par le pape lui-même. D'ailleurs, si les peuplades venaient à refuser la religion chrétienne et, par là même, l'autorité de la couronne d'Espagne, le pape a autorisé le recours à la force afin de leur faire entendre raison.

Enfin, nobles et nobliaux, en quête perpétuelle de gloire et d'honneurs, sont bercés depuis leur enfance par les exploits guerriers des anciennes croisades, diffusés par une imprimerie propagandiste en plein essor. Soumettre des contrées inconnues et lointaines semble donc être un objectif parfait pour cette élite de la société.

COMMENT NAVIGUER ?

Cette conjoncture ne serait pas complète sans rappeler les avancées scientifiques et techniques qu'a connues l'Occident au XVIe siècle. L'imprimerie reste l'un des principaux moteurs des grandes découvertes par la diffusion des récits de voyage et par l'émulation intellectuelle qui en découle. La cartographie connaît également un développement inattendu. Les travaux de Claude Ptolémée (savant grec, vers 100-170), qui font encore autorité au XVe siècle, émettent l'hypothèse de l'existence d'une terre inconnue située au sud de la planète. Il n'en fallait pas plus pour attiser la curiosité des érudits humanistes de l'époque.

Jusqu'à la fin du XVe siècle, les marins naviguent à l'estime, c'est-à-dire selon la technique consistant à étudier la position que prend un navire sur l'eau selon la direction du vent et sa vitesse. Dès lors, le fait de pouvoir s'appuyer sur des cartes précises constitue vraiment une révolution dans leur manière de se situer dans l'espace.

Les bateaux ont également connu quelques évolutions nécessaires aux longues expéditions. Les navires médiévaux sont en effet plutôt lourds et peu manœuvrables, rendant les voyages au long cours impossibles. L'apparition des caravelles (vers 1430) et des galions (vers 1565) mènent directement aux grandes découvertes. Plus tard, les vaisseaux de Matthew Baker (ingénieur naval anglais, 1530-1613) consacrent pour une longue période la technologie navale anglaise en infligeant de lourds dégâts aux flottes moins performantes des Espagnols et des Français.

COMMENT EXPLOITER LES TERRES DÉCOUVERTES ?

Puisque les métropoles ne disposent pas de structures administratives performantes, pourtant nécessaires à la gestion de ces lointains territoires, il devient rapidement urgent de trouver une solution satisfaisante pour les mettre en valeur et les peupler. C'est ainsi que se sont mises en place les compagnies à monopole qui concèdent une sorte de bail commercial d'une région donnée à un groupe de personnes, en échange du paiement annuel d'une redevance financière au monarque.

Là-bas, les terres sont exploitées notamment par la culture de certains produits (sucre, coton, etc.) qui nécessite dès le XVIe siècle une main-d'œuvre renouvelable trouvée parmi les esclaves africains, tandis que le pouvoir local est confié aux colons européens. Mais, comme ceux-ci ne sont pas suffisamment nombreux et que la traite négrière gagne en importance, des troupes indigènes sont intégrées dans les systèmes d'exploitation de l'homme par l'homme.

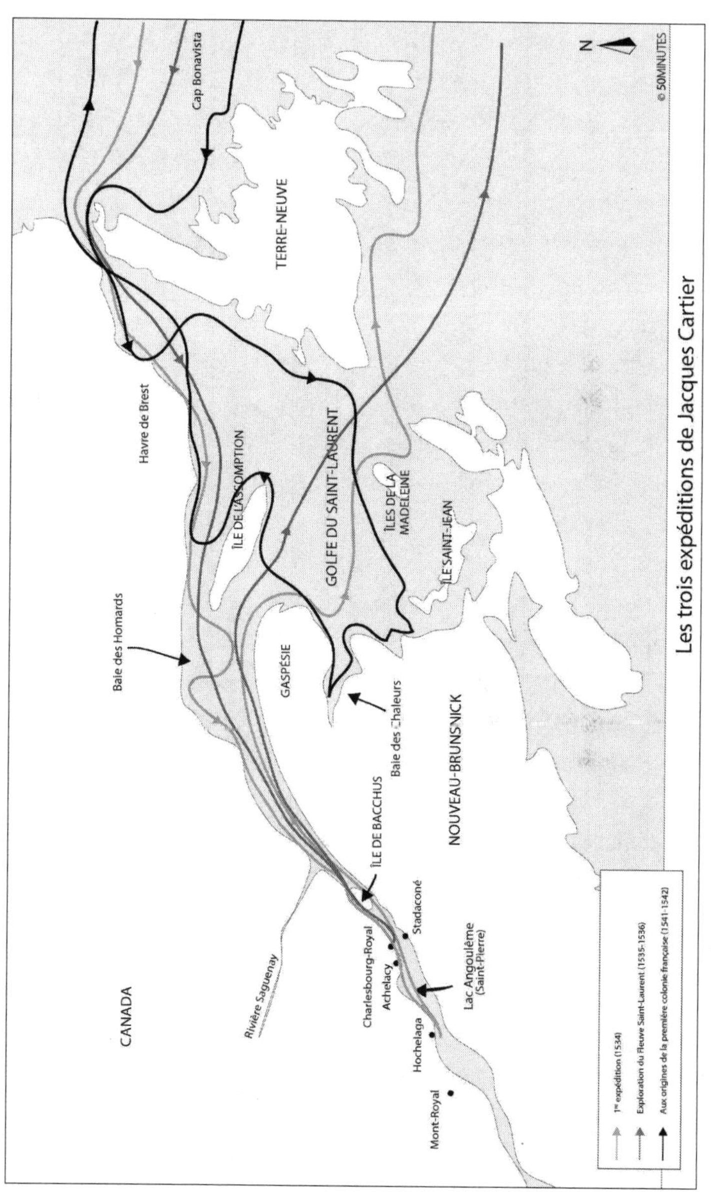

Les trois expéditions de Jacques Cartier

LES PREMIÈRES DÉCOUVERTES DE 1534

Le projet de « *descouvrir certaines ysles et pays où l'on dit qu'il se doibt trouver grant quantité d'or et autres riches choses* » (cité dans GROULX (Lionel), *La découverte du Canada. Jacques Cartier*, Montréal/Paris, Fides, 1966, p. 102) plaît énormément au roi François Ier, qui accepte de financer l'exploration de Jacques Cartier à hauteur de 6 000 livres tournois.

En 1534, ce sont les travaux de Giovanni da Verrazzano qui influencent Jacques Cartier. En s'appuyant sur la carte du Nouveau Monde récemment mise à jour par celui-ci, le capitaine malouin est persuadé que le continent américain se prolonge et se rétrécit au nord au point de devenir un isthme de seulement quelques kilomètres de large. Serait-il dès lors possible de le contourner pour atteindre l'Asie en empruntant les eaux de l'océan Arctique que Cartier croit navigable en été ? Si ses estimations s'avéraient exactes, il pourrait découvrir non seulement de nouveaux territoires, mais il ferait également naître l'espoir de l'existence d'une nouvelle route plus courte menant à Cathay (ancien nom de la Chine du Nord) et à ses épices.

Mais, à Saint-Malo, les marins pêcheurs ne voient pas d'un bon œil ces expéditions incertaines, que beaucoup considèrent sans retour. Jacques Cartier ne parvient donc que difficilement à rassembler les effectifs nécessaires au voyage. Il faut d'ailleurs que le roi intervienne en faisant fermer le port, forçant ainsi de nombreux marins à s'engager sous la pression économique. Finalement, ce sont 61 hommes répartis sur deux navires qui quittent la France le 20 avril 1534.

Après avoir traversé l'océan Atlantique pendant une vingtaine de jours, les deux navires arrivent au Cap Bonavista (province de Terre-Neuve-et-Labrador). Ensuite, la flotte longe les côtes de Terre-Neuve et se rend jusqu'au Havre de Brest (actuellement la baie de

Bonne-Espérance), dernier rempart de la connaissance européenne. C'est à ce point précis que l'aventure commence véritablement. Le capitaine Cartier et ses hommes le savent et approvisionnent donc les bateaux en vivres avant de célébrer une messe, qui sera peut-être la dernière.

Le 11 mai, pour la première fois de l'histoire, des Européens pénètrent dans le futur golfe du Saint-Laurent. Après avoir jeté l'ancre dans un port de la Côte-Nord, Jacques Cartier foule aux pieds ces terres inconnues et peu hospitalières. Il y élève une croix qui marque la présence française et indique un endroit où jeter l'ancre. Après ce court intermède, le navigateur fait changer le cap pour étudier les côtes occidentales de Terre-Neuve.

Une fois la mission de reconnaissance accomplie, il s'aventure plus profondément dans le golfe jusqu'à arriver aux deux îles de la Madeleine, à la nature luxuriante. Remarquant les fortes marées qui s'y produisent, le navigateur émet l'hypothèse qu'il existerait un passage maritime au sud de Terre-Neuve permettant de rejoindre l'Atlantique ; constatation qui lui sera utile pour son prochain périple.

En continuant vers l'ouest, les Malouins découvrent l'extrémité septentrionale de l'île Saint-Jean (aujourd'hui Île-du-Prince-Édouard) et longent pour un temps les côtes orientales de l'actuelle province du Nouveau-Brunswick. Ils entrent alors dans la baie des Chaleurs, dont la pointe de Miscou – qui ferme la baie au sud – sera appelée par les marins « cap d'Espérance », car ils croyaient y trouver l'entrée d'un nouveau détroit menant à l'Asie. À cette occasion, une seconde messe est organisée probablement dans le but de se placer sous la protection divine. Malheureusement, la baie – quoiqu'accueillante et chaleureuse – ne répondra pas aux attentes de Jacques Cartier. Toutefois, une exploration terrestre est menée et des échanges commerciaux ont lieu avec les indigènes.

Sortie de la baie, la flotte française longe pour un temps les côtes gaspésiennes (péninsule située au centre-est du Québec). Mais des conditions climatiques peu favorables la poussent à s'engager dans la baie de Gaspé jusqu'à Honguedo (aujourd'hui Gaspé). Ce séjour improvisé permet aux Français de rencontrer une tribu huronne-iroquoise qui leur indique l'existence d'un arrière-pays à l'ouest. Cette révélation conduit Jacques Cartier à prendre comme guides deux fils du chef de la tribu.

Le 25 juillet, la flotte quitte la Gaspésie et contourne une grande partie de l'île de l'Assomption (aujourd'hui Anticosti, Seychelles) jusqu'à un détroit situé entre cette île et la péninsule du Labrador auquel il donnera son nom. Arrivé à l'embouchure du fleuve Saint-Laurent, le capitaine sait par expérience que la traversée automnale de l'Atlantique est synonyme de difficultés et préfère donc mettre le cap vers Saint-Malo qu'il atteint le 5 septembre.

L'EXPLORATION DU FLEUVE SAINT-LAURENT DE 1535-1536

Moins de deux mois après son retour, François Ier enjoint Jacques Cartier de retourner au-delà de Terre-Neuve pour y terminer son exploration. Cette fois, ravitaillés pour quinze mois, trois navires quittent Saint-Malo le 19 mai 1535, avec à leur bord 110 matelots.

Jusqu'au Havre de Brest, l'itinéraire est presque identique à celui de la première expédition. De là, la flotte suit la Côte-Nord vers l'ouest et finit par arriver au détroit où elle s'était arrêtée un an auparavant. Parmi l'équipage se trouvent les deux indigènes qui confirment au navigateur l'existence d'un fleuve qui mène vers le Canada. Comme à son habitude, Cartier prend le temps d'explorer du sud au nord la baie des Homards et de repérer les rivières qui s'y déversent, qui sont pour lui de potentiels accès vers l'Asie. Au cours du périple, l'équipage est frappé par la riche faune du Saint-Laurent, qui regorge de baleines, de phoques et de bélugas. Plus loin, ce sont d'étranges arbres accrochés aux rochers de la rivière Saguenay et les tortues géantes de l'Isle-aux-Coudres qui étonnent les matelots.

Lorsqu'ils atteignent l'île de Bacchus (aujourd'hui l'île d'Orléans) le 11 novembre, Jacques Cartier va à la rencontre du chef de la tribu huronne-iroquoise, Donnacona (mort en 1539), rencontré à Honguedo, pour lui ramener ses deux fils, Taignoagny et Domagaya. Si les retrouvailles se déroulent dans la bonne humeur, des tensions naissent lorsque Jacques Cartier évoque sa volonté de pousser ses investigations au-delà de Stadaconé (village iroquois) vers Hochelaga, terre d'une tribu ennemie. Or, les deux fils de Donnacona ne veulent pas perdre le monopole des relations commerciales avec les Européens. Alors, pour apaiser les esprits, Jacques Cartier décide de laisser deux des trois navires dans le village, tandis que lui s'engage toujours plus à l'ouest sur le Saint-Laurent.

Arrivé à Achelacy (aujourd'hui Portneuf), il découvre un pays au riche potentiel agricole, comme en témoigne la richesse de la faune et de la flore. À partir du lac Angoulême (aujourd'hui lac Saint-Pierre), la navigation du galion devient impossible et c'est en barque que l'épopée se poursuit. Mais, le 2 octobre, des rapides obligent l'équipage à gagner les rivages.

Là, de nombreux indigènes le rejoignent et l'escortent jusqu'à Hochelaga où se trouvent le roi des Canadiens et huit à neuf tribus réparties le long du fleuve. Accueilli comme un dieu et sans doute considéré comme tel, Jacques Cartier se voit contraint d'imposer ses mains sur le corps impotent du chef canadien afin de le guérir ; cérémonie qui se clôturera par une lecture des Évangiles.

Pour observer les territoires qui entourent Hochelaga, le navigateur gravit la colline qui prendra le nom de Mont-Royal. À perte de vue se trouvent de belles terres labourables qui confortent ses premières constatations. Par ailleurs, il apprend de ses guides locaux qu'on extrait des métaux dorés et argentés dans les terres situées au nord-ouest.

C'est donc avec la tête pleine de projets que le Malouin quitte Hochelaga. À son retour à Stadaconé, il remarque que la cohabitation entre les Européens et le peuple de Donnacona s'est quelque peu détériorée. En effet, les indigènes réclament de plus en plus de biens aux Européens en échange de denrées alimentaires. Malgré les tensions, son séjour dans la tribu lui permet de se familiariser avec la vie des Amérindiens, qui lui apprennent par la même occasion la géographie complexe des terres canadiennes et notamment le chemin qui mène aux terres aurifères.

L'hiver 1535 est des plus éprouvants pour les 110 Français. Ces derniers ne s'étaient en effet pas préparés à supporter des températures aussi basses. De plus, beaucoup meurent du scorbut. À la lumière de ces deux faits, il est facile de comprendre pourquoi l'un des trois galions n'a jamais pu revenir en France. Finalement, après avoir forcé plusieurs indigènes, dont Donnacona, de les accompagner en France, deux navires descendent le Saint-Laurent, traversent la baie dans laquelle débouche le fleuve et franchissent le détroit repéré deux ans plus tôt entre l'île du Cap-Breton et Terre-Neuve. Le 6 juillet 1536, après deux mois de navigation, ils arrivent à Saint-Malo.

AUX ORIGINES DE LA PREMIÈRE COLONIE FRANÇAISE DE 1541-1542

Le troisième et dernier voyage de Jacques Cartier en Amérique du Nord commence le 23 mai 1541. Ses objectifs sont cette fois différents : il lui faudra établir une colonie et exploiter les ressources minéralogiques dont avaient parlé les indigènes cinq ans plus tôt. Pour l'occasion, François Ier accorde le titre de gouverneur et lieutenant général à l'un de ses courtisans, Jean François de la Roque de Roberval (colonisateur français, 1500-1560), qui devient l'autorité supérieure de Jacques Cartier. Mais, réticent à quitter la France, celui-ci ne fera finalement pas partie de l'expédition. Dès lors, le Malouin reçoit l'ordre de partir sur-le-champ et de remplacer le gouverneur jusqu'à sa venue.

À la tête de cinq navires et de 400 marins, Jacques Cartier mène donc les futurs colons parmi lesquels se trouvent hommes et femmes, gentilshommes et roturiers, libres et prisonniers. Les bateaux transportent également des vivres pour deux ans ainsi que des animaux et des semences.

Après trois mois de traversée, le navigateur et ses compatriotes arrivent à Stadaconé où ils sont bien reçus alors qu'aucun des otages ne leur a été rendu. Toutefois, probablement pour marquer une distance entre les indigènes et les Français, le capitaine décide de s'arrêter à l'embouchure de la rivière du Cap-Rouge, à 14 kilomètres en amont du village. L'espace, les friches et les sous-sols prometteurs finissent de convaincre Jacques Cartier d'y implanter la colonie, qui prend le nom de Charlesbourg-Royal, du nom du troisième fils du roi.

Parallèlement aux premiers labourages, deux forts sont construits : l'un à l'extrémité du cap et l'autre en hauteur. Après avoir jeté les bases de son projet urbanistique, Jacques Cartier s'engage à l'intérieur de Saguenay pour découvrir les terres où l'or coulerait à flots. Mais suite au manque de vivres et aux indications peu précises que leur fournit le guide, le corps expéditionnaire est forcé de faire demi-tour. De retour dans la colonie, Cartier constate une dégradation des échanges commerciaux avec Stadaconé suite à un mystérieux incident. Face à la menace amérindienne, au rude hiver canadien qui s'annonce ainsi qu'à l'absence de Roberval et de ses troupes, Cartier et ses hommes quittent Charlesbourg-Royal en juin 1542. La tentative de colonisation française est un échec.

Sur la route du retour, Cartier finit par rencontrer Roberval à Terre-Neuve qui lui donne l'ordre de rebrousser chemin. Mais le Malouin préfère lui désobéir et maintient son cap vers la France. Arrivé à Cap-Rouge un mois après Cartier, le gouverneur Roberval tente d'y reconstruire une nouvelle colonie qu'il nomme France-Roy. Celle-ci est abandonnée dès 1543. Finalement, le bilan de ce dernier voyage est amer : aucune nouvelle route vers l'Asie n'a été découverte, aucune colonie française n'a pu être implantée outre-mer, et il n'y a pas une once d'or dans les malles de Cartier.

RÉPERCUSSIONS

DES VOYAGES VAINS

Si les Français se sont lancés dans l'aventure des grandes découvertes, à l'instar des autres monarchies européennes, c'est en partie par convoitise des richesses du Nouveau Monde. Mais les voyages de Jacques Cartier n'ont pas atteint ce but. Pourtant, dès 1542, des rumeurs courent en France et en Europe sur le fait que l'explorateur pourrait ramener de ses voyages plusieurs barriques d'or et d'argent ainsi que des rubis et des diamants ; or ces richesses se révèlent n'être que de la pyrite, du fer ou du cuivre. Dès lors, aux yeux du roi et de la population, cette terre ne vaut rien. Pourtant, même si Jacques Cartier meurt en 1557 dans l'indifférence générale, la réputation des territoires nord-américains lui survit.

La population française n'a pu entrevoir le réel potentiel et l'importance des découvertes réalisées par l'explorateur. Ce dernier a en effet dévoilé un continent d'une largeur considérable, jalonné d'un réseau fluvial complexe ouvrant vers l'hinterland américain. C'est en partie à lui que l'on doit la topographie et la toponymie de la région, qui seront reprises ultérieurement par les cartographes, mais aujourd'hui presque disparues suite à la cession en 1763 des colonies françaises à l'Angleterre.

UNE NOUVELLE TENTATIVE DE COLONISATION

L'implantation française dans le nouveau continent recommence en 1555 par l'installation, dans une île proche de Rio, de protestants venus pour s'y réfugier et pratiquer leur religion. Cet essai n'aboutit pas, tout comme celui ayant eu lieu en Floride où étaient venus s'installer les survivants de Rio. Il faudra attendre le règne d'Henri IV (roi de France et de Navarre, 1553-1610) pour qu'une compagnie réussisse enfin à implanter une colonie française dans la partie septentrionale du continent américain. C'est ainsi que Pierre Dugua de Mons (colonisateur français, vers 1560-1628) et Samuel de Champlain (explorateur français, vers 1567/1570-1635) fondent en 1608 la ville de Québec, qui deviendra la capitale de la Nouvelle-France.

En 1663, le roi de France, Louis XIV (1638-1715) décide de faire de la Nouvelle-France une colonie non plus gérée par les compagnies, mais administrée par la couronne elle-même. Toutefois, elle ne parviendra jamais à peupler réellement cette immense colonie, qui, en 1763, était la plus vaste des colonies européennes d'Amérique du Nord. L'importante croissance démographique que connaît l'Angleterre au XVIe siècle, qui pousse les Anglais à partir en masse vers l'Amérique, ne trouve pas d'écho en France, d'autant plus qu'on craint un dépeuplement du royaume si un tel déplacement de population venait à se produire. Les Français restent donc relativement peu sensibles à l'émigration vers la Nouvelle-France, car le Canada ne permet pas un enrichissement rapide et conséquent. Puisque l'appel à l'engagement volontaire ne reçoit qu'une très faible réponse, on décide de déporter les faux sauniers, qui vendaient le sel sans payer la gabelle (impôt sur le sel). Pour peupler cette contrée, les autorités y envoient également les « filles du roi », des paysannes, des orphelines ainsi que des prostituées, afin que les hommes puissent se marier légitimement et fonder une famille. En 1763, on estime à 85 000 le nombre de Français au Canada.

LES INTÉRÊTS ANGLAIS MENACÉS

Peu à peu, les Anglais, menacés d'être encerclés et d'être arrêtés dans leur expansion, décident de mettre un terme à cette situation en engageant une lutte contre les Français afin de les chasser du territoire. Plusieurs guerres éclatent entre les deux forces européennes et l'édifice colonial français commence à s'effondrer en 1713, à la fin de la guerre de succession d'Espagne (1701-1714), lorsque la France concède à l'Angleterre Terre-Neuve, l'Acadie et la baie d'Hudson. Quelques années plus tard, c'est la guerre de Sept Ans (1756-1763), qui débute au Canada. L'objectif principal pour les Anglais est de prendre le contrôle de l'Ohio pour ne pas être encerclés par l'ennemi français. L'Angleterre en sort victorieuse en 1763 et récupère tous les territoires français. Pourtant, la présence française dans la région n'a pas été enrayée, preuve en est de l'importante communauté francophone qui y vit encore aujourd'hui.

EN RÉSUMÉ

1491	Naissance de Jacques Cartier
1492	Premier voyage de Christophe Colomb
4 mai 1493	Bulle papale *Inter cætera*
1497	Découverte de Terre-Neuve par Jean Cabot
20 avril-5 sept. 1534	Première expédition
19 mai 1535-6 juil. 1536	Seconde expédition
23 mai 1541-sept. 1542	Troisième expédition
Sept. 1557	Décès
1608	Fondation de la ville de Québec

- À partir du XVᵉ siècle, dans un contexte d'expansion des connaissances et d'affirmation du pouvoir, la conquête des terres nouvelles constitue un enjeu capital.

- Jacques Cartier, marin expérimenté de Saint-Malo, est mandaté en 1534 par François Iᵉʳ pour explorer les terres à l'ouest de Terre-Neuve. Il y découvre la baie Saint-Laurent et cartographie une partie des côtes de Terre-Neuve, de Côte-Nord, de Gaspésie ainsi que quelques îles.

- Une deuxième expédition française part en 1535 qui mène à la découverte du plus grand fleuve jamais vu de mémoire d'homme : le Saint-Laurent.
- Ce voyage est également l'occasion de rencontrer des populations amérindiennes importantes, notamment, celles des villages de Stadaconé et d'Hochelaga, qui deviendront respectivement Québec et Montréal.
- De retour en France, le navigateur expose à François Ier ses projets d'exploitation des richesses du royaume de Saguenay (or et diamants). Pendant cinq ans, des fonds seront rassemblés pour y fonder une colonie, dirigée par un gouverneur, Jean François de la Roque de Roberval.
- En 1541, sur ordre royal, Jacques Cartier lance l'expédition sans le gouverneur pour fonder cette colonie.
- Les colons s'établissent à quelques kilomètres de Stadaconé et créent Charlesbourg-Royal.
- Rapidement, les relations entre indigènes et colons se dégradent et les échanges commerciaux cessent.
- La situation devenant de plus en plus critique et le gouverneur n'étant toujours pas arrivé, Jacques Cartier décide d'abandonner la colonie en juin 1542.
- De retour en France, il présente au roi le maigre résultat de ses recherches en or et en diamants. Malheureusement pour lui, il se fourvoie complètement sur la nature de ces minerais. Déçu de l'échec cuisant et retentissant de l'ensemble de ses projets, Cartier finit sa vie dans l'ombre à Saint-Malo, lui qui sera considéré par la suite comme le père d'une nouvelle nation.

POUR ALLER PLUS LOIN

SOURCES BIBLIOGRAPHIQUES

- « Cartier (Jacques) 1491-1557 », in *Encyclopædia Universalis*, consulté le 9 mars 2014.
  http://www.universalis.fr/encyclopedie/jacques-cartier/
- FEBVRE (Lucien), *La terre et l'évolution humaine. Introduction géographique à l'histoire*, Paris, Albin Michel, 1970.
- FISET (Richard) et SAMSON (Gilles), « Charlesbourg-Royal and France-Roy (1541-43) : France's First Colonization Attempt in the Americas », in *Post-Medieval Archeology*, vol. 43, n° 1, 2009, p. 48-70.
- GROULX (Lionel), *La découverte du Canada. Jacques Cartier*, Montréal/Paris, Fides, 1966.
- GUITARD (Michelle), *Jacques Cartier au Canada*, Ottawa, Bibliothèque nationale du Canada, 1984.
- « Image of an Item from the British Library Catalogue of Illuminated Manuscripts », in *The British Library*, consulté le 21 mars 2014.
  http://www.bl.uk/catalogues/illuminatedmanuscripts/ILLUMIN.ASP?Size=mid&IllID=23282
- « Jacques Cartier au Canada », in *Encyclopædia Universalis*, consulté le 9 mars 2014.
  http://www.universalis.fr/encyclopedie/jacques-cartier-au-canada/
- JACOB (Yves), *Jacques Cartier*, Saint-Malo, Bertrand de Quénetain, 2000.
- « Lieux de fondation|Musée virtuel de la Nouvelle France », in *Musée canadien de l'histoire*, consulté le 21 mars 2014.
  http://www.museedelhistoire.ca/musee-virtuel-de-la-nouvelle-france/colonies-et-empires/lieux-de-fondation/

- Mochelant (Heinrich) et Rame (Alfred), *Relation originale du voyage de Jacques Cartier au Canada en 1534. Documents inédits*, Paris, Tros, 1867.
- Phan (Bernard), *Colonisation et décolonisation. (XVIe-XXe siècle)*, Paris, PUF, 2009.
- Page (Melvin), *Colonialism. An International Social, Cultural, and Political Encyclopedia*, Santa Barbara, ABC-CLIO, 2003.

SOURCES COMPLÉMENTAIRES

- Bouchard (Gérard), *Genèse des nations et cultures du Nouveau Monde. Essai d'histoire comparée*, Montréal, Boréal, 2000.
- Cartier (Jacques), *Voyages au Canada. Avec les relations des voyages en Amérique de Gonneville, Verrazano et Roberval*, Paris, F. Maspero, 1981.
- Douville (Raymond), *La vie quotidienne en Nouvelle-France. Le Canada, de Champlain à Montcalm*, Paris, Hachette, 1964.
- Delâge (Denys), « L'influence des Amérindiens sur les Canadiens et les Français au temps de la Nouvelle-France », in *Lekton*, vol. 2, n° 2, 1992, p. 103-191.
- Glenisson (Jean) et Mollat du Jourdun (Michel), *La France d'Amérique. Voyages de Samuel Champlain 1604-1629*, Paris, Imprimerie nationale, 1994.
- Hamelin (Jean) et Provencher (Jean), *Brève histoire du Québec*, Montréal/Québec, Boréal Express, 1983.
- Havard (Gilles) et Vidal (Cécile), *Histoire de l'Amérique française*, Paris, Flammarion, 2003.
- Laflèche (Guy), *Bibliographie littéraire de la Nouvelle-France*, Laval, Éditions du Singulier, 2000.
- Martin (Jean), *Lexique de la colonisation française*, Paris, Dalloz, 1988.
- Pluchon (Pierre), *Histoire de la colonisation française. Le premier empire colonial des origines à la Restauration*, Paris, Fayard, 1991.

LITTÉRATURE

- ACHARD (Eugène), *La Grande Épopée de Jacques Cartier*, 1934-1954.
- L'ABBÉ PRÉVOST, *Manon Lescaut*, 1731.

FILM ET DOCUMENTAIRES

- *Les Trois Voyages de Jacques Cartier*, émission radiophonique de Bernard Allaire, 2008.
- *Le Canada français (1534-1763). Empire Colonial Français*, émission radiophonique de France Inter, 2008.
- *Le Nouveau Monde*, film de Terrence Malick, avec Colin Farrell, Christopher Plummer et Christian Bale, États-Unis, 2005.
- *Épopée en Amérique*, documentaire réalisé par Gilles Carle, Canada, 1997.

www.50minutes.com

Éditeur responsable : Lemaitre Publishing
Rue Lemaitre 6 | BE-5000 Namur
info@lemaitre-editions.com

ISBN ebook : 978-2-8062-5460-3
ISBN papier : 978-2-8062-5638-6
Dépôt légal : D/2014/12603/68
Photo de couverture : © Benjamin Sulte

Conception numérique : Primento,
le partenaire numérique des éditeurs